AF397688

Kustantaja: BoD - Books on Demand,

Helsinki, Suomi

Valmistaja: BoD - Books on Demand,

Norderstedt, Saksa

ISBN: 978-952-80-8259-0

CITYKANEILLE VANIKKAA

RUNOJA

Tanssin alasti

kerrostalon pihassa
Pallogrillin ympärille
kerääntyvien harmiksi
alkaa satamaan
Juttelen nappikukille
kuten Tyyne-mummo orvokille
Olen western-elokuvan
kurttunaamainen revolverisankari
Pyssystäni tulee saippuakuplia
Jopa linja-autot ajavat ohitseni
vaikka näytän sellaiselta
joka tarvitsee kyydin paikkaan
jolle voi antaa nimen.
Minuun eivät säännöt sovi.

Hullu kuu tanssii
Helsinki-Rovaniemi yöjuna
tulee ajoissa
seinän läpi syömään
Vaunuissa sai vielä poltella
Pelattiin korttia
Romani myi rannekelloa
Ravintolavaunu on kallis vieläkin
Koko matka on
salaliittoteoria
Kohta juna ajaa satua päin
ja suistuu lego-raiteelta
Joku antaa ensiapua kännykällä
kuvaamalla videon tapahtuneesta
Ihailen ikkunapaikalla istuvan
naisen sääriä
Leikki jää kesken
Minut huudetaan syömään
Eelin keelin plots
Sinut tästä pelistä pois.

Mikä sul on
Mä olen Joukahainen
kassajonossa
puolukkasadon jälkeen
kypsyn ihmiseksi
Asun veneen alla
Takapihoilla pop-up teltoissa
Naiset jättää mut
pitää kissansa
Naiset jättää mut
kuten sytkärin
kapakan pöydälle.

Asun
sillan alla
Asunto olisi jäämistä
Yhteinen koti olisi
lupaus
Kumpaakaan en pysty pitämään
Sadetta
Bussipysäkkejä pystyssä
Ihmistä
Suhteilla ei ole alkuja
on vain loppuja
Jos minulta kysytään
vastaan olevani runoilija
Ja ne jotka eivät ymmärrä
painukoot helvettiin
Kärpäset eivät kysele
siksi asun maalla
jossa poliisit poimivat
sammuneen kotiin
thaimaalaiset poimivat mansikat päältä
Maahanmuuttajaperheeseen
syntyy keskimäärin
yhdeksän lasta
Kohta minua ei tunnista
suomalaiseksi.

En sovi normeihin
mappiin
pöytälaatikkoon
Sellaiset paikat eivät
ole minun kokoiselleni
Mutta tulitikkurasiaan
sovin
sydämesi kokoiseen
josta pimeinä hetkinä
voi raapaista tulta.

Sä ripustat surusi
mun hartioille
Vesisade sopii virteen
pesee ikkunoita
Talonmies pitää vapaapäivän
Nypit hiuksia olkapäiltäni
kun ne olivat vielä pitkät
olin nuori
Ensisuudelma
kun parta ja pillunkarvat
vaihtoivat paikkoja keskenään
Mä ajoin polkupyörää
sä istuit rungolla.

Jalkani ovat likaiset
En suostunut pysymään
rajojen sisäpuolella
Tukistit kuten äidilläni
oli tapana
Nauttisit minusta
kun palohälytin soi
tulit uskoon
Pyyhin pöydältä
valkosipulinkuoret ja viinitahrat
Pöytä on päiväkirjallesi välttämätön
Siinä olen minäkin mukana
mutta toisenlaisena.

Sellutehtaan piiput
pilaavat jokimaiseman
Ne ovat pystyyn nousseita
kyrpiä
haisevat toiselta naiselta
Virta on satoja vuosia väsynyt
vei lapset hoitoon
Haluaa katsella telkkaria rauhassa
lakata kynnet
Kaadat viinin viemäriin
Runous ei sovi minuun, sanot
ruskeisiin silmiin.
Istut alasti syliini
koska ulkona on kaunista.

Aamu-yö
Hajamieliset kahvilanpöydät
Uneliaat puut ja jäykät patsaat
Kun puun lehti osuu maahan
on vuosi kulunut
Kammatut hiukset jatkuneet
tänne asti
Vieläkö meillä on pussikaljaa
Vieläkö meillä on toisemme
Vieläkö maailma pelastettavana
Halkio päässä
vauvatukkaa
lapsen uskoa?
Kirjoitan puiston, sillan
ja vaikeudet
Yhdessä ylitämme ne.

Putkimiestä tarvitaan
Lääkäriä
Tutkijaa
mutta haaveilijaa ei
tarvitse kukaan
Rappioitunut yhteiskunta
on valmis maksamaan siitä
että runoilijat pysyvät hiljaa:
Nukkuvat bussipysäkillä
Haisevat vieraalta
mutta joutuvat tyydyttämään itsensä.
Päästävät naapurin koiran
karkuun.

Sain puhuttua naisen ympäri
Hän sai sairaslomaa
lapset hoitoon
joutsenet lampeen
Me rakasteltiin hela dagen
Oli hyttysiä
Oli työpaineita
Oli toiset kalsarit.
Puistossa tuoksui kukat
Rosmariini kämmekät
Tahdon rakastua sinuun siellä
Syödä vaahtokarkkeja Raatteentiellä
Elää Tali-Ihantala suhteessa
käsi hamees alla Herran nuhteessa
Oot aikamoinen pakkaus
Rock rauha ja rakkaus
Ouu Baby.

Runoilija ei ollut tästä ajasta
Kun hän istui portaiden toiseen päähän
maisema kallistui:
Nuori tyttö seisoo vinossa
paksun sanakirjan päällä
Hiuksissa on hintalappu:
Ei saa koskea - euroa
Runoilija jatkoi kirjoituskoneella
ja tyttö liikkui minua kohti
Ja kun katsoin lähempää
tunnistin hänet:
Saarikosken tyttö
kaunis kuin voikukka
otti minua kädestä
ja johdatti valona pimeään.

Pöllö huhuilee
Mitä sinulle merkitsevät
tähdet?
Näetkö niistä
runoilijan poimimassa Kissankelloja
keskellä yötä
kun muut nukkuvat?
Mutta niinhän runoilijat tekevät.

Jänis on Metsän Henki
koulukaverini Artemis
Seuraan sinua salattuun
maahan josta saan runoni
Jos kantaisin käpälääsi
kaulassani
ei minulla olisi tietä.

Niissä kodeissa joissa
ruoka tuoksuu
niiden ovien ulkopuolella
seisoo runoilija
sanojensa takana.
Voisiko sana muuttua leiväksi
siellä missä soitetaan hätäkeskukseen
kun vain halutaan kuulla jonkun ääntä
Voisivatko sanat muuttua viiniksi
edes paperilla jossa kaivata
Mahtuisiko runo sellaisen postiluukusta
jonka ovella ei kukaan käy?
Jos sanoisin että
tämä on viimeinen tyhjä paperi
Viimeinen tuska
Valehtelisin.

Aurinko, joka on kaikkialla, tuntuu
selittämättömästi juuri hiuksissani. Jokainen
hyppäävä kala on nimetön numeraali. Niiden
jättämät tuikkirenkaat levittäytyvät mieleen.
Olen ajelehtinut kyllin kauaksi ajatuksista.
Jokin linnuista kuten leija ja taas on
huomioni viety. Palauta se. Ympärilläni
surisevasta paarmasta tulee ajatuksieni
hahmo. Ajattelen maisemia, jotka eivät
muutu, ainoastaan syvenevät. Ohitseni ajaa
moottorivene. Siinä on vapoja pystyssä.
Minä kävin lapsena ongella. Nykyisyyttä
eletään menneen kautta. Tämä hetki on
tuntematon aukko, ulappa ilman yhtäkään
kuvaa. Lapset, leikit oikeassa mittakaavassa.
Aurinko jää kellumaan veden päälle. Se
puhalletaan täyteen ilmaa ja
maailmankaikkeus laajenee. Levän tuoksu
sieraimissa, suolan tuoksu. Hiekan
sokeroimat varpaat. Auringon voi nähdä
laskeutuvan pesäänsä, mutta nyt on päivä,
sitä tarkoittava sana.

Naiset eivät ole pelkkiä äitejä
On tutkinto
On avioliitto
Työ
Kun alan runoksi
kannat päätäni muovipussissa
viet sänkyyn puhumaan tuhmia
nuolemaan klitorista
mulkun voit kuulemma kuvitella.
Korkojen kopina
Aamutakissa
Holkki suussa
Ripsilläsi ensi-lumi
Paljaan nilkan varjo
yli parkettilattian
Halusin avaimen
Yhteisen laulun levyltä
mikropitsaa
Yhteishaudan
Halusin eteisen
johon voi jättää kengät
Sillä
Uniisi kävellään
paljain jaloin
Herättämättä.

Kävelen sateessa
Tehtaan väsyneet piiput
Pilvet roikkuvat pihlajanmarjoissa
Korvamatona eilinen
viinintuoksuinen tango
Pihoilla lehtikasat
Puutalot tuoksuvat
märiltä lapasilta
Ojanpohjalla rutistettu
kaljatölkki.
Menen rappuun lämmittelemään
Sytytän röökin
Vanhat putket valittaa
Luen sukunimiä taulusta
En ole se oikea
minulle sanottiin nurkkapöydässä
Yritin oikaista
Että oikea mies tulee ainakin
kahdesti saman päivän aikana
En tiedä hänen nimeään
Hän jäi odottamaan
Kuten monet muutkin
Dösää
Jeesusta
Tiliä
Jatkan matkaani sinua kohti
Eksyin matkan varrella (itseeni)
Mutta nyt olen kartalla
jota Afrikan tähdeksi kutsutaan.

Löydän perille sinuun
väärällä dösällä
Nukuin puistonpenkillä
runojen alla
Eksyin ja pistin sen
kirjakaupan syyksi
Olen varma sinusta
kun kello jätättää
Siksi ostin sen romanilta
Niin kauan ei oo lamaa
kun meillä on toisemme
Vein vaarin pystykorvan kaniin
ja pyysin sen verran mitä maksoi
eläinkaupassa ne pari kalaa
jotka päästin mereen.

Pelaan huoltoasemalla pajatsoa
Juon pillimehua
Rikon rahaa
Murphyn lakia
Myyjällä on kolme rintaa
Se ei kannata feministejä
Lähdin uimarannalle
metallinpaljastimen kanssa
Löysin vanhoja viikinkirahoja
jotka tuhlasin flipperiin
Hautasin matkalla
paskaset kalsarit maahan
antropologeja varten
Etsin Ison Koiran tähtikuviosta
puuttuvaa jalkaa
Sen nähtiin nilkuttavan
metsään eilen.
Minun heimoni on kaupan takana
Se on maahisten ja pontikan pyhä maa
Sinne vievät ne veneet joissa on
reikä pohjassa
Siellä sinutkin taottiin
Hengitit höyryjä
Poltin rauhanpiippua
Suostuin riisumaan sinut
Sain talismaaniksi avaruuskypärän
Jätin seremoniat
hain kirjoituskoneen
Teen Otavasta kirjaimia
Miten vähän runot, sanat
kuten vesi kun on jano.

Juon viiniä joen rannalla
johon on laskettu kaikki
paska
Puunhalaajat ovat myöhässä
Perun perheet
Omat hautajaiseni
Puhut arkun äärellä lasten
tapaamissopimuksista.
Jään ikävöimään reisiä
loputonta aktia.
Viimeinen pankkiautomaatti
on viety kylältä
Niille jotka epäilevät sanon
etten ymmärrä helvettiäkään
bitcoineista ja derivaatoista
mutta koivuja minä ymmärrän
Minut on kutsuttu mukaan
varisten kokoukseen
Enää ei voi pyytää puheenvuoroa
puhelinlankojen avulla.

Liha oli pilaantunutta
Kun ei voi syödä
voi kirjoittaa
Kahvi maistuu mustanakin
Kirjoitan kirjan eroosiosta
josta en ymmärrä mitään
Naiseni maanittelee kissoja
sisälle
Lämmittää minut märillä
puilla.

Miehet kulkevat pillereissä
Juovat
Naiset antavat
Lähdettyäsi tuoksuu
vastamaalattu
Muistot haihtuvat nopeammin kuin
tupakansavu huoneesta
Asiat jäävät kesken kuten kirjat
Elämme menneessä
silti juuri nyt
ulkona sataa
Pisaroiden ikkunapiirrokset kaikuvat tyhjässä
asunnossa.

Lorcan kieletön kitara
kelluu ojassa
Puhelin irti seinästä
Putsaan sieniä
Olen jättänyt vuoteen
petaamatta koska
vanhukset nukkuvat pitkään
valvovat vähän
Sade rauhoittelee
Elämä on lyhyt
viini niin pitkä.

Pyykkipinnat lahkeessa
poljen Tunisiaan
Olen kuullut että jos
juo maitoa ruskeasta nännistä
voi nähdä valkoisen Leijonan.
Olen lentänyt
kuumailmapallolla keittiöön
matkustanut matkatavarana
Tokioon.
Kelan jonossa olin numero
157.
Annoin lapun seuraavalle
Olen yhteiskunnasta ulkona.

Runoja ei lue
enää kukaan
Lausun niitä lehmille
Istun kuistilla tupakka
suussa
valo jääkaapissa
Mietin mitä muut eivät.
Menin naimisiin
pelkät shortsit jalassa
nukuin nuotta pääni alla
Kioskilla pummasin nakkivettä.
Tähdenlennot ovat
rikkinäisiä peilejä
lasinkeräysroskiksessa.

Voisiko asemat
ohittaa ilman niiden
harmautta
Olen kukkahattutäti
spraymaali-asussa
Hakaniemi roikkuu
löyhästi minussa
Olen hyväntekijä
Ostan hiekkarannoilla
naisten liikakiloja
Sokeille eilisen lehti
on tätä päivää.

Kuka kaipaa nuoruutta
epävarmuutta
persaukisia vuosia?
Nyt on vihdoin tekohampaat
voi syödä muutakin
kuin nuudeleita
purkkihernekeittoa.

Sataa taas
Alakuloiset puut
Puruja yhteen sätkään
Osallistun mielenosoitukseen
Heittelen runoilla ihmisiä.

MITÄ ON RUNOUS
SOMEA
HUONOO SUOMEA:
Tykkää
Kommentti
Lähetä
Jaa

Istun baskeri päässä
Kuuntelen muiden juttuja
joista tulee runoja
paitsi jos sätkäpaperi
loppuu kesken.
Muuttolinnut rannalla
Köyhille tarjotaan elämyksiä
Vad kostar det
Olen humanoidi Heurekassa
nakkikioskin tekaistu jono
Jouluaatto-iltana
Vaivaispoika kirkon edessä
joka antaa Monopolirahaa.

Katson Bondeja
kauhuelokuvia
Kuka saatana jaksaa
Tarkovskia koko ajan
Vanhemmat kasvattivat
meistä vakavia
Toisin voi ajatella niinkin
että kusee mieluummin kadulle
Lähdettäisiin moottoripyörällä
kiertämään maapalloa
omaa maata pakolaisina.

Yhteinen kieli löytyy
kun puhumme hävittäjistä
Ruoka ei kiinnosta niitä
jotka istuvat katetuissa pöydissä
Menen pianon luo
Yritän näyttää siltä joka osaa
soittaa.
Mummo on istunut kellarissa
60 vuotta Raamattu sylissään.
Sille on koira välillä lainannut
untaan.
Tällaiset paikat valitaan
kun sanotaan vähän
niin paljon kerralla.

Minun yleislakkoni sitä
etten lopeta kirjoittamista
Sanojen välimatka on mittani sinuun.

Sääennuste
Paistan
ahvenfileitä pannulla
voissa
mutta kahvi saattaa
kylmetä jos kirjoitan
Tämä on yksinäisen piknik
Suolaa haavoihin voi
lainata naapurista
Lapseni eivät ole
nähneet minua
mutta tunnistavat ääneni
puhelimessa.

Kapakoissa naisia jotka
matkustavat asemalta
toiselle
Ei mihin jäädä
missä pysyä
kuten minä olen jäänyt
pysynyt tyhjällä valkoisella
paperilla.

Asetelma
Pöydällä pyörtynyt viini
Juusto joka haisee
pesemättömille sukille
Naisen verkkosukkahousuissa
silmäpako
Tahtonut katseesta vapaaksi.

Saatiin parisänky
maksusitoumuksella
että me voidaan olla yhdessä
hiljainen hiihto lumettomassa
metsässä.

Käännän maata kynällä
Nukkuvan naisen kyljelleen
Miten voisin olla rakastamatta
ihmistä jonka kukat kasvavat
parvekkeella mansikkaa
joka kysyy milloin oot
viimeksi käynyt pesulla
Haluaa saunan
kuumimman nurkan.

Sinä erotat metsästä sen
ainoan puun
jolla on korvat
Lahjoit muurahaisia ja
istuit kusiaispesään hame korvilla
Käskit jättämään eväämme rauhaan.
Juot valkoviiniä
Kaadat minulle omenamehua.
Koen olevani ainutlaatuinen.

Ostit minulle
kirpputorilta pesukoneen
pyysin sukkia
Sanoit että eipäs nyt
liioitella
Koen valaistuksen
vaikka on pimeä marraskuu ja
mädät omenat tuoksuvat.

Viet minut mökille
pitämään sadetta
Juopottelen
vanhat vinyylit
suomalaista melankoliaa.
Horsmat onnellisen korkeita
Kellarista löytyi vielä yksi
avaamaton valo.

Lastemme silmät
ovat vanhuksen
Lelut unohtuvat
Kyselevät kuten
muurahaiset ruoholta.
Traumaan pitää puhaltaa.

Tuot kynttilöitä
Tuot viiniä
Tuot hyvän tuulen
tullessasi
Tuot vastauksia
kysymättömiin kysymyksiin
Tuot maiseman ilman
piikkilankaa.

Lennän unesi läpi
kopterilla
lappustereot korvilla
Usva viidakon yllä
Kwai-joen sillalta näkee
sukuhautaan
jossa hikiset sotilaat
pelaavat sinua rahasta
Puhun saniaisten kieltä
Nostan pääni liian
aikaisin ylös
ja saan kypärään linnunpaskaa
Pöllitään kumivene ja lähdetään
helvettiin täältä.
Voin alkaa puiston penkiksi
jos sinä olet tyttö joka istuu
makeisrasia sylissään
odottamaan
Jalkojesi välistä näkisin
kirkonkellon
Etten myöhästy.

Olen puistonpenkki jossa nukutaan
johon kustaan
johon sammutaan
johon maalataan kirkkoveneitä
johon istutaan stringeillä
josta syötetään sorsia
joka maalataan.
Olet se jolla on perseessä
valkoinen raita.
Toimeentulomme on turvattu.

Harrastan asuntonäyttöjä
Käyn katsomassa toisten koteja
Bussipysäkillä ihmiset
naamarit päässä
Pummaan tupakkaa sellaisiltakin
jotka eivät polta
Menisit töihin
Päivät kuin entiset vaimot.

Koiperhonen syönyt
taskuun reiän
Vitonen pudonnut
Röökittä
(silloin ja nyt) on
monikon abessiivi.

Kaks eri kulttuuria
ei sovi yhteen
sanoi jalanpesijä
Kaks eri arvomaailmaa
sanoi Waltari
Nainen kantaa lasta
mies kaftaa
Mies istuu pöydän päässä
nainen sen alla
Runoilijat ovat lavuaariin
kammattuja hiuksia.
Mä en pulloon sylje
kun huikkaa tarjotaan
Elän puliukkojen
hiv-suukoilla.

Tänään runossa
juodaan teetä
ja pestään käsin
pyykkiä
Koivujen mustavalkoiset
totuudet.

Kirjoitan runoja
matkustajakodissa voudille
Lähetään hakee Ruotsista töitä
niinku voita haetaan
Vapautta se ei oo
ku ei oo paikkaa
missä pestä kalsarit.
Duunia tehdään
Loppuaika kävellään
ja palellaan
Nähdään Kirkkaus,
nälkää.

Viivakoodi kaupan kassalla
viivakoodi kirjastossa
Kelassa.
Muiden normi on
mulle kirosana
Miks pitäs tehdä ja toimia
ku kaikki muutki.
Joukossa tyhmyys tiivistyy
Hulluilla päivillä
Alennusmyynneissä
Sä oot tarjouksessa
Ei omia ajatuksia
Ei mielipidettä
Mä haluun mennä sateella uimaan
Pitää maanantaisin vapaapäivän
En odota että tuotanto pysähtyy
jos runo jää liukuhihnan väliin.

Kevät
Linnut tulvivat
Join ikävään
kaipauksen makuista viiniä
Lapsen kyyneleet vaunuissa
vaikka se olen minä
joka itken.
Yksinäisyys menee
liikennevaloissa ohi.

Syksy on sivupolku
yksinäisyyteen
Räikeät lehdet kirkuvat
pimeyttä
Se mikä on kypsynyt
lakastuu.

Runotkin.

Syksy tulee ikkunasta sisään
alkaa puolukkahillopurkeiksi
Runous on teekupissa
Hämärä palaa koivuklapeissa.

Mummo tarjoaa
lapselle punaista limsaa
Laittaa puhtaat lakanat
viikonloppuperheelle
Lämmitän saunan
Koivunlehtien väri on
niiden haju.
Vanhat hiekkaleluni pihassa
Miten syvälle nyt kaivamalla pääsisin
Tekee mieli heittää rööki pois.
Metsä
Hiljaisuus
Kun täällä on
kaupungissa ei voi olla
Ei mitään.

Illallinen Välimeren tapaan
On kesä mutta ulkona talvi
Olen kuin
sitruunapuun lehti
keitossasi.

Meri ja sileäksi hioutuneet kivet
puhuvat yhteistä kieltä
Miksi se on meille niin
vaikeaa?
Olet bordellien Kharon
Nukut kolmas silmä auki
Vastauksia etsivä lapsi
tyhjää meren hiekkasangollaan
heittää ensimmäisen kiven
sen huoneen ikkunaan
jossa nukut.

Pyydän parturia lyhentämään
runoa latvoista
Sakset ovat kuolleen ravun
Vatsallesi on ajautunut
rikkinäisiä verkkoja
simpukan kuoria
tölkkejä siimaa.
Kirjat kuin pudonneet hiukset
kampaamon lattialla.

Rimbaud vaihtoi
runot asekauppaan
Hänen opetuksensa ydin
löytyi haavoittuneesta jalasta
Tyhmä mies
Sai luotiin mahtumaan
niin paljon.

Mä vein sieluni kaniin
Mun kävi sääliksi kulkukissoja
Ostin koko rahalla silakkaa
Olen viimeisen videovuokraamon
viimeinen asiakas
Ne tekee musta viimeistä elokuvaa
jota ei katso kukaan
Miestä joka käyttää julkisia
ilmaisvessoja
Käy juomassa vetensä
verotoimistossa
Olen sammalleinen huopakatto
Ajattele minua ikuisuusprojektina
Joka pitäisi joskus töiden jälkeen
alkaa.

Jos runostani tehtäisiin elokuva
se olisi mykkäfilmi
ilman ainuttakaan repliikkiä.
Siinä laiva nostaisi
ongelmajätettä
meren syvyyksistä.
Olisin eriparikengät
jalassa
matto joka unohdetaan ulos telineelle
ja varastetaan eri kotiin.

Kuivaan eriparisukkia
hiusföönillä
Tänään on runoilijan hautajaiset
Kun arkku on laskettu multiin
vainaja päättää nousta kuolleista
ja lähteä karaokebaariin
jossa hän ottaa vastaan suruvalittelut
ja laulaa hopeisen kuun.

Tänään liputetaan
koska olen päättänyt
leikata varpaankynnet
Olen kävellyt läpi
Saharan
Hetken viihdyin Niilinkrokotiilin
kidassa
ilman olutta ja tupakkaa
Vaimolleni valehtelin olevani
töissä kalakaupassa
Jääkaapissa lauantaimakkara oli
vanhentunut
Soitin kriisiapuun
Mitä sä sillä
leivätön mies?
Siellä missä kuljen
lumi on viime talvista
mutta jäljet tuoreet.

Tuulivoimalat pilaavat maiseman
Laituri jatkuu mielikuvana
jonkun rakkaan luokse
Säikähdän kun hevonen
laskee turpansa olkapäälleni
Näen sen katseesta
että se on kuollut
Olen varma että se on sama
joka putosi mereen Ikaros selässään
ja nousi nyt pintaan tässä
tyhjässä venepaikassa
Minulla ei ole voimia
nostaa sitä ylös
mutta kirjoitan sen siivilleen
Ja kun se on jo kaukana
parinkymmenen vuoden päässä
huomaan kantavani sen
näkymätöntä hevosenkenkää.

Mä syön lounaan Kesoililla
Ranskalaisia makkaralla
vitusti ketsuppia
Himassa mä kuuntelen kupletteja
Kaadan kylpyveteen olutta.
Meillä on kotona paljon muurahaisia
Lehdenjakaja vetää perässään uutta päivää
Me maataan lattialla likaisella patjalla
Syödään papuja purkista
Tupakoidaan ja nukutaan sitte
viä hetki
Ajattelen kuten omenapuu
Saan sut kukkaan.